Reihe Hanser 10

Stanisław Jerzy Lec
Letzte unfrisierte Gedanken
Aphorismen

Herausgegeben und aus dem Polnischen übertragen von Karl Dedecius

Mit fünf Zeichnungen von Heinz Edelmann

Carl Hanser Verlag

ISBN 3 446 11195 6

6. Auflage 1975
30.–32. Tausend

Ausstattung:
Heinz Edelmann
Gesamtherstellung:
Friedrich Pustet,
Regensburg
Printed in Germany

Nicht sein, sondern
denken, denken, denken.

Selbst wenn der Mund sich schließt, bleibt die Frage offen.

Wer in der Schublade keinen Platz hat, der sorge für einen Sarg.

Wenn wenigstens von unten alles erhaben aussähe!

Dieser stille Menschenstolz: der Tod mag sich noch so sehr sträuben, am Ende muß er uns doch bezwingen.

Der Mensch spielt in seinem Leben nur eine kleine Episode.

Kluge Gedanken kommen aus dem Kopf wie Pallas Athene, schöne Gedanken aus dem Schaum wie Aphrodite.

Auch die Ansprüche der Satire wachsen: sie möchte immer raffiniertere Verbrechen verspotten.

Wer Bomben mit Zeitzündern legt, sollte dabei die Zeitunterschiede bedenken.

Die Abwesenden haben zwar niemals recht, doch dafür bleiben sie oft am Leben.

Grabinschrift: »Das Leben endet, leider nicht seine Folgen.«

Janus hatte zwei Gesichter. Światowid, der Gott der Slawen, vier. Und es gab Götzen, die noch vielgesichtiger waren. Was besagt, wie kompliziert die Lage der jeweiligen göttlichen Gesellschaftsordnung war.

Man unterscheidet zwei Arten von Teufeln: degradierte Engel und beförderte Menschen.

Tradition: Erbadel des Plagiats.

Der Mensch ist aus Eisen; deshalb kann er seine Handschellen nicht als Fremdkörper empfinden.

Sein Gedanke war pure Lust. Er befruchtete niemanden.

Wie viel weniger Menschenblut wäre vergossen worden, wenn wir uns nicht so früh vom Affen zum Menschen fortentwickelt hätten.

Gib acht: stellt der Ruhm dich ins Rampenlicht, sind deine Feinde im Vorteil – sie bleiben im Dunkel.

Gefängnisse sind als Kinderstube problematisch.

Legenden werden oft von denen zerstört, die ihren Rohstoff brauchen.

Bei Hofe genießt der Narr Sonderrechte. Außerhalb des Hofes ist er der Dumme.

Sind die Schuldlosen moralisch berechtigt, an der Teilung der Beute teilzunehmen?

Am Wachstum hindert den Menschen oft das eigene Dach überm Kopf.

Seht euch vor literarischen Blindgängern vor. Sie sind noch nach Jahren gefährlich.

Ist ein Mensch, der in seinem Innern etwas Wertvolles findet, verpflichtet, es auf dem nächsten Polizeirevier abzugeben?

»Kopf hoch«, sagte der Henker, und warf ihm die Schlinge um den Hals.

Ich mag Philosophen nicht, die das Haar auf fremden Köpfen spalten. Noch dazu mit einem Beil.

Traurig, wenn sich die Wirbelsäule erst am Kreuz aufrichtet.

Perfide Henker lockern ihren Opfern die Schlinge.

Rassisten! Sie lassen keine schwarzen Gedanken zu!

Der Humanismus wird die Menschheit überdauern.

Weisheit sollte im Überfluß zu haben sein; wer fragt schon danach?

Während der Tortur hatte er sich mehrmals gezwickt. »Was soll das?« fragte der irritierte Henker. »Möchte wissen, ob es ein Alptraum ist.«

Auf dem Grabe des Feindes duften die Blumen berauschend.

Geringfügigkeiten leiden niemals an Mikromanie.

Hütet euch vor jenen, die für sich das ius primae noctis Bartholomensis beanspruchen.

Es ist gar nicht so einfach, im eigenen Analphabet zu lesen.

Auch an den Kreuzwegen der Geschichte versucht die Polizei den Verkehr zu regeln.

Er machte sich flach und breit – damit man ihn oben besser sah.

Die Farce der Wirklichkeit reicht auf der Bühne meist nur zu einer Tragödie.

Jeder Zuschauer bringt seine eigene Akustik ins Theater mit.

Phantasie und Lüge sind zweierlei.

Selbst die Ewigkeit war früher von längerer Dauer.

Als sie ihn ernstzunehmen begannen – war er verloren.

Wirf den Stein als erster! Sonst bist du für sie ein Epigone.

Traurig, daß sich die Menschen stets in demselben Lied, an derselben Stelle, mit demselben falschen Ton – verpfeifen.

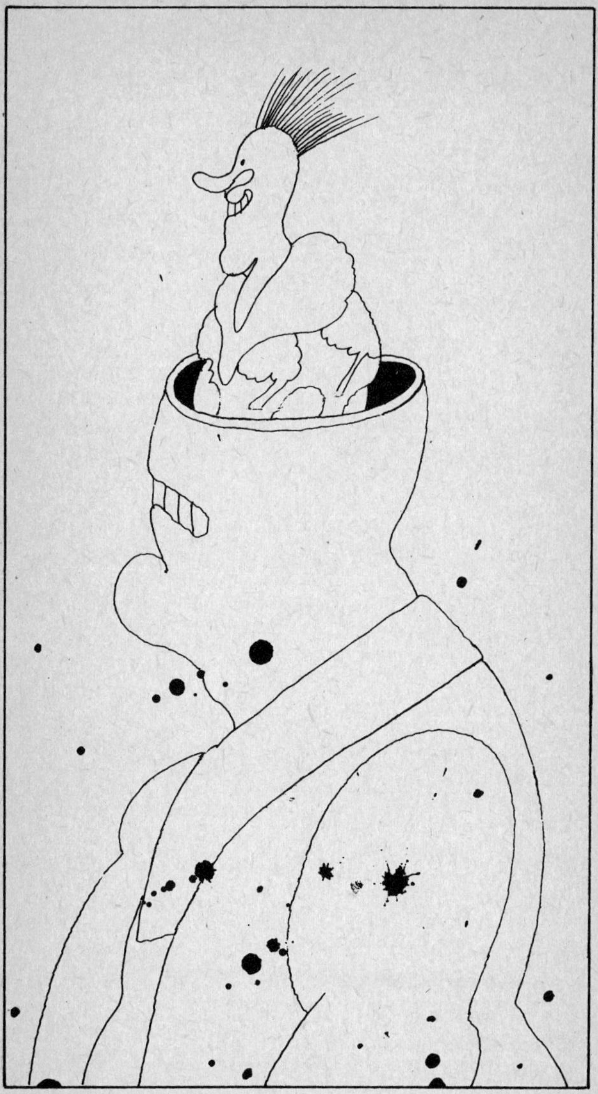

Wer als erster den Witz begriffen hat, hat Zeit genug, so zu tun, als hätte er ihn nicht verstanden.

Nur der, der mit der Kunst wirklich intim ist, weiß, welchen Abstand man ihr schuldet.

Der Naturalismus auf manchen Bühnen ist enorm. Sogar die Fußlappen sind im Zuschauerraum zu riechen. Nur die dargestellten Menschen sind unnatürlich.

Es gibt unübersetzbare Autoren. Diese dürfen im Ausland getrost propagiert werden.

Tiefe kann man durch Färbung vortäuschen.

Berühmt müßte man sein, um sich ein Incognito erlauben zu können.

Wo sind die Fundstellen der Weisheit? Gewöhnlich dort, wo diese begraben liegt.

Auch leere, versiegelte Briefumschläge enthalten ein Geheimnis.

Dem Pegasus gab man Flügel, damit er seltener ausschlüge.

Ich flicke dem Menschen am Zeug, um seine Nacktheit zu bedecken.

Sogar unsere Schicksals-
bahnen sind verstaatlicht!

Wehe, wenn der Kopf des
Beklatschten zwischen die
Hände der Klatschenden
gerät.

Ehre muß man erweisen.

Manche Narrenschellen
schellen falsch.

Der Mensch? Ein Abfall-
produkt der Liebe.

Könnte man doch erst nach dem Tode seiner Feinde geboren werden!

Auch zahme Hyänen leben vom Aas.

Kannibalen bevorzugen Menschen ohne Rückgrat.

Er war ein vorzüglicher Hüter des Rechts. Er behütete es so gut, daß niemand in dessen Genuß kam.

Vaterlandsliebe kennt keine (fremden) Grenzen.

Hoffentlich unterläuft dem Irrtum ein Fehler. Dann kommt alles von selbst in Ordnung.

Wer Echo findet, wiederholt sich.

Unvergängliche Werte unterliegen keinen Kursschwankungen. Sie werden nicht notiert.

Die Macht wechselt häufiger von Hand zu Hand als von Kopf zu Kopf.

Grundsatz: Ein Schauspieler, der stottert, darf keinen Stotterer spielen.

Der Mensch hat zwei Profile. Eins links und eins rechts. Ja, und noch zwei andere innen.

Der Chauvinismus ist so flach, daß er überall Eingang findet.

Paßt auf, nicht nur ein Druckfehler kann Rationalismus in Nationalismus verwandeln.

Er wusch seine Schuld ab, um seinen Ruhm zu reinigen. Damit war auch dieser futsch.

Habe ich daneben getroffen? Dann stimmts: es war mein Ziel.

In der Zukunft werden die Menschen ihr Mäntelchen nach den interplanetarischen Winden hängen müssen.

Wer ab und zu ein Auge zudrückt, kann auch im Wachen träumen.

Manchmal hat man das dumme Gefühl, auf der Bühne herumzustehen und nicht einmal Statist zu sein.

Niemand ist imstande, die empfindliche Lücke im Herzen zu schließen, die eine Kugel hinterläßt.

Vieles vom eisernen Repertoire der Bühnen gehört zum alten Eisen.

Dinge, die schon an sich lächerlich sind, können nicht Gegenstand der Satire sein.

Die Aufführung zeigt, was Regie aus einer Idee alles machen kann.

O glückliche Zeiten, da man nur dann vor die Mauer ging, wenn man pinkeln wollte!

Allgemeinmenschliche Werte sind die, die es nicht lohnt, über die Grenze zu schmuggeln.

Umgang mit Zwergen krümmt das Rückgrat.

Ich sah fliegende Käfige.
Es waren Adler darin.

Man drücke einem Barbaren ein Messer, eine Pistole oder eine Kanone in die Hand, aber um Gottes willen keine Feder! Er macht auch euch zu Barbaren.

Auch Unfruchtbarkeiten pflegen trächtig zu sein.

Gäbe es die Wirklichkeit nicht, könnte sie niemand feststellen.

Wenn politische Fabeln von Tieren handeln, ist die Zeit sicherlich animalisch.

Wieviele großartige Tragödien wurden durch einen einzigen Applaus zur Farce!

Er hatte seinen Wohnsitz von Sodom nach Gomorrha verlegt.

Nicht jedes Werk schafft einen Autor.

Wenn zwei Einsamkeit suchen, droht der Welt Übervölkerung.

Vorsicht: Wenn Zuschauer gähnen, fletschen sie die Zähne.

Arme Erde, alle unsere Schatten fallen auf sie.

Er trug seine Fahne hoch – um sie nicht sehen zu müssen.

Alle großen Tragödien haben ein happy-end, aber wer hielte sie bis zum Ende aus!

Aus der Problematik des Rechts: bis zu wie vielen Toten darf man sich irren?

Wer vor Begeisterung stirbt, hüte sich vor der Auferstehung.

Ach, wäre es doch möglich, eine Zeitrechnung anno homini zu erleben!

Früher standen sich die Menschen näher. Es blieb ihnen nichts anderes übrig. Die Schußwaffen trugen nicht weit.

Womöglich sollte es so sein, daß Bethlehem in der Gegend von Sodom und Gomorrha liegt?

Wie viele gibt es, die, um den eigenen Nabel nicht aus dem Auge zu verlieren, bereit sind, ihre Rücken zu krümmen!

Auch wer durch den Styx schwimmt, hat Angst vor dem Ertrinken.

Selbst Tote schweigen – bis die Zeit für sie zu reden anfängt.

Wer erfindet ein Analphabet für die Verständigung mit Analphabeten?

Wie stickig! So öffnet doch die Fenster, mögen die da draußen es auch zu spüren bekommen.

»Du sollst nicht töten« war leider von rechts nach links geschrieben: Auf das Herz zielend.

Kain ist schlauer geworden. Er hinterläßt sein Zeichen auf der Stirn Abels.

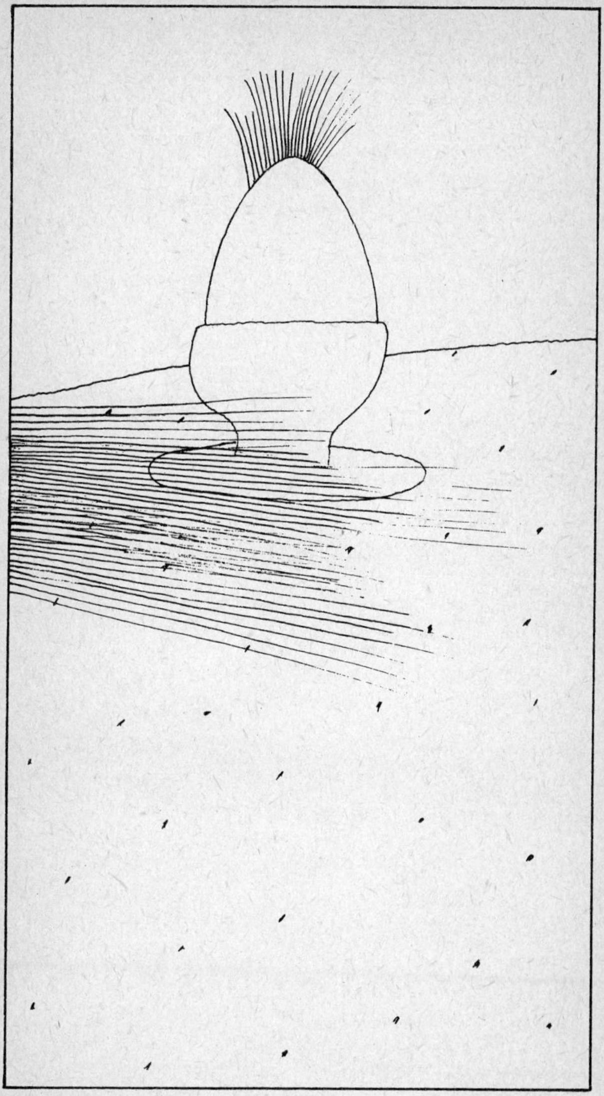

Die wenigsten Verbrechen kommen in Gefängnissen vor. Unter Gefangenen.

Mißtrauisch betrachtete der Dichter seine Sätze: Welcher von ihnen würde seinen Grabstein schmücken?

Manchmal hat man das Gefühl, in uns wohne ein amtlich zugeteilter Jemand.

Und vielleicht hat die herrliche Höhlenmalerei seinerzeit in den Untergrund flüchten *müssen*?

Nichts fällt einem von selbst zu: sogar eine Dummheit muß man erst *machen*.

»Es wird nie so heiß gegessen, wie gekocht wird« – trösteten die Gegessenen die Gekochten.

Im Rachen des Löwen zu stecken, das ist gar nichts, aber mit ihm den Geschmack zu teilen, das ist schrecklich.

Je tiefer du fällst, desto weniger tut es weh.

Ein beschlagener Pegasus hat keinen leichten Flug.

Zuweilen schluckt der Fisch den Angelhaken zusammen mit dem Angler.

Die Überbevölkerung hat dazu geführt, daß nun in einem Menschen mehrere wohnen.

Es kommt vor, daß der Fähnrich in eine andere Richtung flattert als die Fahne.

Auf einem Giraffenhals beginnt sogar der Floh an seine Unsterblichkeit zu glauben.

Wißt ihr, wo die Hoffnung immer zu finden ist? In der Garderobe der Hölle, unter der Aufschrift: »Lasciate ogni speranza«.

Die Leges verändern den Logos.

Was unvorstellbar ist, kann immerhin käuflich sein.

Es gibt Robinsone, die Schiffbruch erlitten, als sie ihr Eiland verließen und an dem bevölkerten Festland strandeten.

Alle Versuche, die Liebe wiederzubeleben, sind umsonst. Im besten Falle zeugt man einen Menschen.

Ein Sodomit erregte sich beim Betrachten eines Schulbuches der Zoologie. Soll man das Buch deshalb als eine pornographische Publikation verwerfen?

Barfuß zu gehen schickt sich nur für die, die Schuhe besitzen.

Surrealismus, der Wirklichkeit wird, muß wohl aufhören einer zu sein, oder?

Wie wenig bleibt vom Waldzauber in der Pilzsuppe übrig!

Nicht jedem Ei entschlüpft sogleich ein Kolumbus.

Sage mir, mit wem du schläfst, und ich sage dir, von wem du träumst.

Rührend sind die Erinnerungen an die Erinnerungen.

Er versteckte sich hinter der Zunge, die er der Öffentlichkeit zeigte.

Armer Mensch. Du sagst »Nach mir die Sintflut«, dabei ziehst du nur an der Wasserspülung.

Die Wahrheit liegt meist in der Mitte. (Und ohne Gedenkstein.)

Die Tyrannen machen von der Meinungsfreiheit gleichfalls keinen Gebrauch.

Bin ich berechtigt, mich für den Autor von Gedanken zu halten, die mich ungebeten heimsuchen?

Unter Stockschlägen regt sich die Muse sogar in einer hohlen Trommel.

Soll Kunst verständlich sein? Ja, aber nur für die, für die sie bestimmt ist.

Versuche, etwas zu sagen, ohne dich auf die Tradition, auf Sprichwörter und Idiome zu berufen, ohne – und sei es nur die landläufigste – Literatur zu zitieren. Wie schwer es doch ist, einfältig zu sein!

Wer leicht vergißt, besteht sein Lebensexamen besser.

Was helfen Atteste der Unzurechnungsfähigkeit. Idioten erkennen sie nicht an.

Lachen erzeugt Gelächter,
und dieses erst ein Lächeln.

In Sternennächten trug er
einen Regenschirm. Ihn
ängstigte der Gedanke an
den Kosmos.

Was ein Dichter über den
anderen zu sagen hat, kann
man auch sagen, ohne einer
von beiden zu sein.

Panem et circenses! Immer
weißeres Brot und immer
blutigere Spiele.

Generationsunterschied:
wir hatten miteinander
geträumt, und sie: schlafen
miteinander.

Wiegenlieder für das
Kollektiv: Märsche oder
laute und lustige Weisen.

Nach dem »letzten Schrei«
der Literatur erwarte ich
gewöhnlich ihren letzten
Atemzug.

Wenn jemand nachweisen
könnte, er sei Nachkomme
des Spartakus, dann wäre
er heute kein Funktionär
der Linken, sondern Zierde
der römischen Aristokratie.

Nur wenige sahen es dem
19. Jahrhundert an, daß
ihm das 20. folgen würde.

Merke: auf dieser Erde
gravitiert alles nach unten.

Er verkaufte sich nach beiden Seiten. »Des Gleichgewichts wegen«.

Man sollte alle Menschen menschlich gleich behandeln. Mit der gleichen Grausamkeit.

Die anderen haben alles lächerlich gemacht, aber mich schmückt man dafür mit dem satirischen Lorbeer.

Wie viele Lebensläufe muß man plündern, um den eigenen unsterblich zu machen!

Es ist widerlich, in einem schmutzigen Fluß wider den Strom zu schwimmen.

Zeitkrankheit: die Überfunktion der politischen Drüse.

Selbst der allerflachste Mensch hat leider drei Dimensionen.

Seinem Mund entfliehen die edelsten Worte. Wundert euch das?

Wie oft ist es der Sänger, der auf das Ende des Liedes wartet!

Klassenkampf im Einzelmenschen. Vor allem nach seinem sozialen Aufstieg.

Ich glaube an die Wiederfleischwerdung der Ideologie.

Wem Worte fehlen, der bekommt sie portofrei vom Staat geliefert.

Wer Scheuklappen trägt, sollte wissen, daß dazu auch noch Zaum und Peitsche gehören.

Sie blasen so laut ins Füllhorn – es muß wohl leer sein.

Kunststück: wenn auf der Bühne viele Personen Stoff genug darüber zu reden haben, daß der Autor nichts zu sagen hat.

Selbstmord des Satirikers:
mit der abgestumpften
Spitze seiner Satire.

Mensch: persona non grata.

Nicht jede Salve verkündet
eine Revolution.

Mensch und Mensch finden
selten zueinander, aber
Berg und Berg immer.

Der Literatur wird häufig
vorgeworfen, sie mache den
Gefangenen die Flucht aus
der Wirklichkeit leicht.

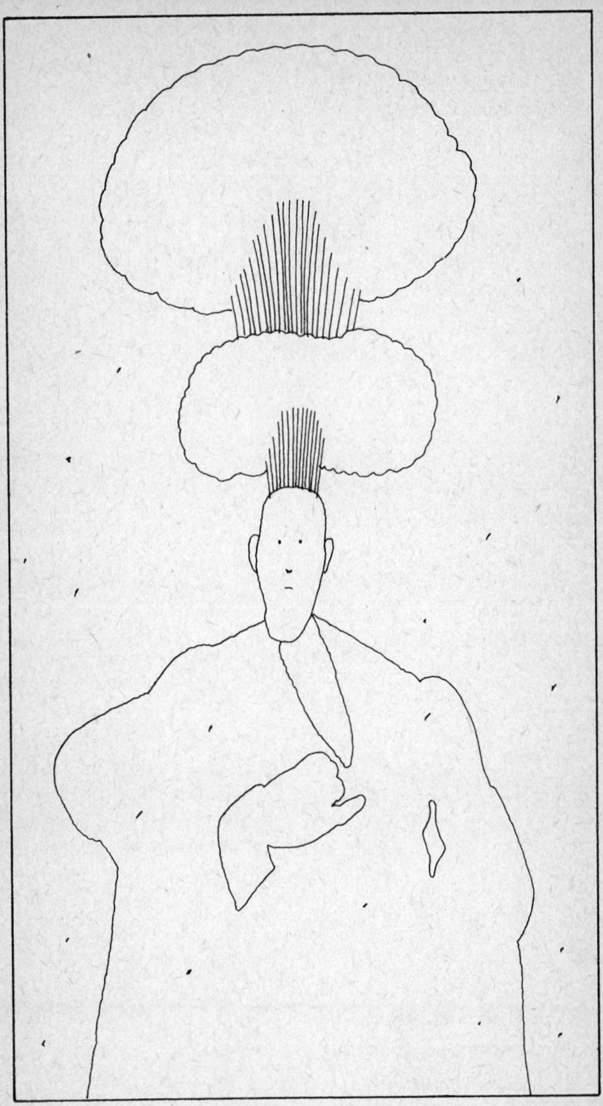

Wir zahlen mit dem Leben oder mit dem Tod. Die Währung bleibt die gleiche.

Es war uns nicht gegeben, unter einem glücklichen Stern geboren zu werden. Wir wurden auf ihm geboren.

Ich bin voller Zuversicht. Die Menschheit brach die Gesetze der Moral; warum sollte es ihr mit denen der Physik nicht auch gelingen.

Ein Weg zur Perfektion der Kunst: durch Elimination. (Doch nicht der Künstler!)

Man sieht's: die Kräfteverhältnisse werden nicht von Ästheten geschaffen.

Und was sagst du dazu, Physik? Menschliche Reibungen erzeugen . . . Kälte.

Das Jenseits wird von Gesetzen regiert, die das Diesseits erlassen hat.

Und vielleicht möchte dein Gott, daß du ihn vor den anderen preisest?

Ich stelle ausweichende Fragen, um den ausweichenden Antworten zuvorzukommen.

Marionetten träumen umsonst vom Monolog des Prinzen Hamlet.

Es genügt, sich einer Illusion hinzugeben, um reale Konsequenzen zu verspüren.

In der Natur geht nichts verloren – mit Ausnahme der Hoffnungen, die sich erfüllt haben.

Wie entsteht Pessimismus? Wenn zwei Optimismen aufeinanderprallen.

Menschliche Gradlinigkeit ist nicht immer der kürzeste Weg zum Ziel.

Die Kunst war seine Passion. Er verfolgte sie.

Wann wird der Mensch den
zwischenmenschlichen
Raum erobern?

Die Intrigen der Stücke
von Z. finden hinter den
Kulissen statt.

Nur die Narren dürfen
nicht ungestraft zittern:
ihre Schellen verraten sie
sonst.

Graben wir tiefer. Wo-
möglich entdecken wir die
Spur einer großen Kultur,
die vorhanden war, bevor
der Mensch erschaffen
wurde.

Kind der Zeit, wähle, mit
wem sie dich zeugen soll.

Schone dich. Du bist Eigentum des Staates.

Wie schrecklich: ein mit Honig beschmierter Knebel.

Wer soll im Kampf der Geschlechter unparteiischer Richter sein? Ein Zwitter?

Witze von Irren, von ihnen selbst erzählt, haben beunruhigend nüchterne Pointen.

Aus dem Tagebuch der Ewigkeit: »Nur eines überlebte vom Anfang der Welt bis zu ihrem Ende: die Angst.«

Er lachte nur im Geiste – und wenn, dann in dem des Gesetzes.

In der Liebe richtet sich die Aussagekraft der Blumen nach ihrem jeweiligen Ladenpreis.

Zahnlose haben größere Zungenfreiheit.

Wer seinen Kopf verliert, der verspielt – lehrt die Französische Revolution.

Auf der Straße der Tugend lauern Gefahren. (Das Verkehrsamt tut so, als gäbe es keinen Gegenverkehr.)

Physikalisches Gesetz:
steigt das Wasser höher,
gewinnt das Leben an
Gewicht.

Frauen sind sadistisch – sie
quälen uns mit den Leiden,
die wir ihnen zufügen.

Die Moral fällt: auf immer
bequemere Pfühle.

Es gibt Volkstragödien,
die keine Pause kennen.

Auch geistige Kastraten
machen sich mit schriller
Stimme bemerkbar.

Wie viele Nachtigallen
muß eine Bestie fressen,
um selbst zu singen?

Der Kampf der Geschlechter kennt nur konventionelle Waffen.

Dichter sind wie Kinder: wenn sie am Schreibtisch sitzen, reichen sie mit den Füßen nicht einmal bis zum Boden.

Positive Helden müssen nicht erst erschaffen werden; es genügt, sie zu nominieren.

Auf dem Maskenball der Begriffe gefällt sich der Slogan als Definition.

Es geschah einmal, daß der Esel Balaama mit Menschenstimme zu sprechen anfing. Könnten denn die Akteure nicht seinem Beispiel folgen?

Literatur der Tatsachen? Manche Tatsachen möchten es verhindern. Im eigenen Interesse.

Wer stünde nicht auf der Seite des Menschen. Doch nicht alle auf seiner Innenseite.

Shakespeare war *vielleicht* nicht Shakespeare. X ist es *ganz bestimmt* nicht.

Vox populi vox Dei ex machina.

Roboter, triumphiert nicht zu früh. Der nächste Fortschritt könnte auch euch befreien.

Streckt eure Nasen nicht über das Pflichtprofil hinaus!

Man sollte über ihn in lauter Superlativen schreiben – allerdings negativ.

Ich singe im Chor – doch nur Solopartien.

Ob der Affe im Augenblick, als er auf den Hinterbeinen Männchen zu machen lernte, menschlicher wurde?

Gipfel von Schablone:
Vorbild bleiben.

Nehmt euch die griechischen Akteure zum Vorbild. Tragt Masken, schont das eigene Gesicht.

Im Hause des Gehenkten spricht man nicht vom Galgen. Und im Hause des Henkers?

Götter erben voneinander die Eigenschaften und die Gläubigen.

Ein junger Liebhaber ist Sultan und Eunuch zugleich, und sein Harem ist übervölkert von einer einzigen verhundertfachten Geliebten.

Bald wird unser Dunkel
hell sein: Moder leuchtet.

Das Leben betrügt uns alle. Auch geborene Schurken landen ganz oben.

Es gibt tiefgläubige Menschen – denen nur die Religion fehlt.

Kinder suchen immer nach dem Geheimnis jenseits des Spiegels. Nur wir Erwachsenen begnügen uns mit unserer flachen Vordergründigkeit.

Die primitive Gerechtigkeit als Objekt des Tauschhandels (»Auge um Auge, Zahn um Zahn«) ist mit der Zeit zur raffinierten Gerechtigkeit als Objekt der Kaufkraft avanciert.

Größenwahnsinn: Kinderkrankheit der Zwerge.

Von einem System werden wir uns lange nicht befreien können: von dem Sonnensystem.

Um wieviel schöner wäre die Welt, gäbe es nicht so viele schöne Frauen darin.

Wer hört, wie das Gras wächst? Die Mäher.

Ein Adler mit dem Blick eines Falken, mit dem Gefieder eines Kolibri, der Stimme einer Nachtigall und dem Fleisch eines Kapauns – das wäre was!

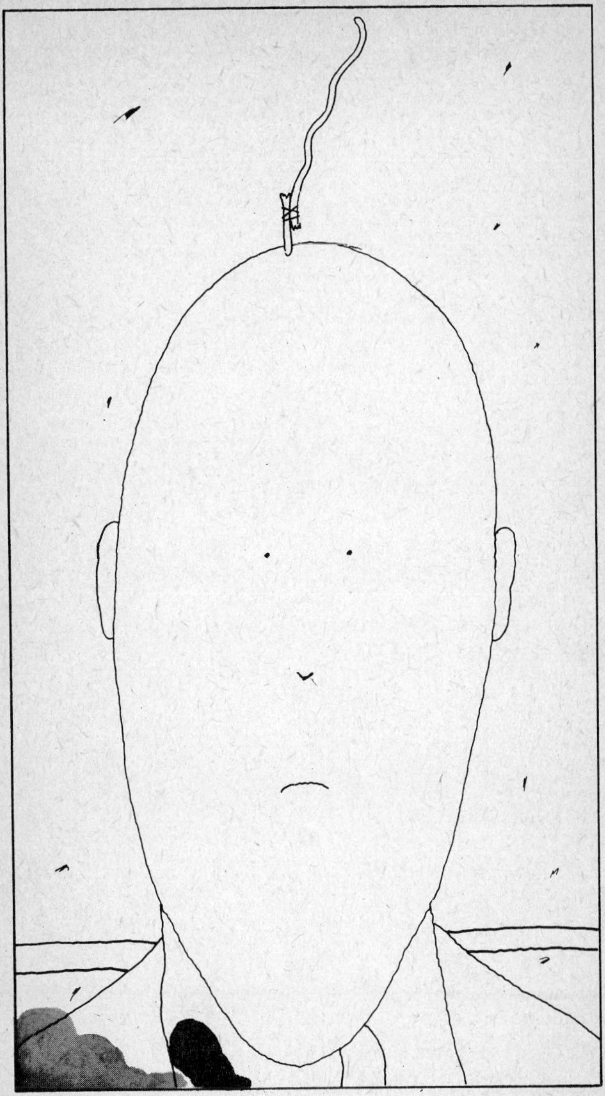

Philosophische Konstruktionen sollten so leicht sein, daß sie zusammenbrechend ihren Erfindern keinen Schaden zufügen.

Selbst der Stahl zischt, wenn man ihn härtet.

Ich lache ihnen ins Gesicht? Wohin denn sonst?

Armer, dummer Bandwurm! In menschlicher Haut stecken, ohne ein Mensch zu sein!

Meine Herren, wie komme ich nach Kleckersdorf, wo alle Wege nach Rom führen?

Vermeidet Blutvergießen.
Ein Held honoris causa
täte es meinetwegen auch.

Kollektiver Irrtum ist
leichter zu tragen.

Vieles mußte nur deshalb
unterbleiben, weil man es
nicht zu benennen wußte.

Wisse, du bist ein aus-
tauschbares Teilchen des
Alls.

Aus einem gebrochenen
Rückgrat wächst ein psy-
chischer Buckel.

Es gibt Stücke, die so schwach sind, daß sie aus eigner Kraft nicht vom Spielplan herunter können.

Das Leben zwingt den Menschen zu allerlei freiwilligen Handlungen.

Neros Lyra war eine Stimmgabel.

Die Kunst lebt nicht von Sessionen, sondern von Obsessionen.

Das Leben hat auch dunkle Seiten: es sind die Reste seines Anstands.

Der Fisch wird schuldig, wenn er den Haken (das fremde Eigentum) schluckt.

Unglaublich, daß die Ganzheit nicht ihre Einzelheiten kennt.

Schade, daß Kain und Abel keine siamesischen Zwillinge waren.

Gerade Haltung kann unter Umständen nur ein Symptom der Lähmung sein.

Es gibt einen fruchtbaren Wüstensand, in dem Straußenköpfe bestens gedeihen.

Denkt daran, daß auch der Unglaube irgendwessen heiligstes Gefühl sein könnte. Verspottet ihn nicht.

Ein Mensch mit einem großen Herzen *muß* an Gleichgewichtsstörungen leiden.

Ich kannte Feuerwehrleute, die über ihrem Bett nicht den Heiligen Florian, sondern Prometheus hängen hatten.

Das Begreifen mancher Werke gleicht ihrem Erschaffen.

Wie oft spielen wir eine Komödie ohne Hoffnung auf Applaus.

»Ich bin ein Dichter von morgen«, hatte er gesagt. »Sprechen wir darüber übermorgen«, habe ich geantwortet.

Die Plagiatoren schlafen ruhig. Frau Muse gibt selten preis, wer der erste war.

Viele Menschen erleben eine Tragödie. Leider haben nicht alle einen Sophokles als Texter.

In der Geschichte zählen selbst die unvollendeten Taten.

Auch die Überflüssigen werden ständig gebraucht.

Da sprach der Eunuch: »Was soll ich mit einem Weibe, ich brauche einen ganzen Harem.«

Die größten Optimisten sind die Ben Akibs: »Alles ist schon einmal dagewesen.«

Ich sah eine Szene: Im Probierglas kochte Blut. Ein Assistent, der abseits stand, notierte gewissenhaft den Namen des Patienten.

Wer den weitesten Horizont hat, hat meist die schlechteste Aussicht.

Autodidakten sollten sich treu bleiben und nicht die anderen belehren wollen.

Ist ein Hund, der an die Hütte gebunden ist, ihr auch verbunden?

Will das Salz süß sein und der Zucker salzig, sträubt sich unser Geschmack. Mit welchem Recht eigentlich?

Allmählich verliert das Verbrechen seine Romantik. Es wird zur Klassik des Alltags.

Schließlich wird der Mensch weder durch Deduktion noch durch Induktion untersucht, sondern durch Obduktion.

Vielleicht sind die Mauern von Jericho von den schrillen Fanfaren *innerhalb* der Mauern gefallen?

Was hat euer Gesicht so entstellt? Die allzu großen Worte.

Auf den Geschmack des Kritikers X kann man sich verlassen. Er ist zuverlässig schlecht.

Auch die Schweine grunzen manchmal verächtlich ihren Hirten an: »Du Schweinehirt!«

Auf den Seitenpfaden des Denkens huscht an dir gelegentlich der entsetzte Sinn vorbei.

Satiriker sterben mit zwinkerndem Auge.

Der Nationalismus kann gewaltig sein. Niemals groß.

Imitieren wir den Schein durch die Wirklichkeit.

Die Gegner in der ersten Frontlinie stehen sich am nächsten.

Der Künstler stand auf der Stelle: das Publikum lag ihm zu Füßen.

Zwerge *müssen* sich tief verneigen.

Menschen haben Spätzündung: sie begreifen alles erst in der nächsten Generation.

Wie können die, die sie nie gekannt haben, die Freiheit erkennen? Und wenn sie dahinter eine neue List des Tyrannen befürchten?

Rechtfertigung der Kannibalen: »Menschen sind Vieh.«

Und plötzlich erwacht der Autor im Bauch der Leser, wie Jona in dem des Wals. Allerdings fühlt er, daß ihn die Kundschaft restlos verdaut hat. Gibts keinen Ausweg aus diesem Erfolg?

Welche Taktlosigkeit, auf irgendwessen Gebein eine Melodie zu spielen, die der Verstorbene nicht mochte.

Orphei steigen in den Untergrund – nicht nur, um Euridike zu finden.

Unsere Taten sind dabei, unsere Gedanken einzuholen. Wehe, wenn sie sie überholen.

Auch Judas lernte es, Kreuze zu tragen.

Das Leben ist gefährlich. Wer lebt, stirbt.

Die Armen im Geiste können sich nur einen billigen Optimismus leisten. Er kostet zwar auch viel, aber nicht sie, sondern die anderen.

Wer gibt den Satirikern das Recht zu wettern? Die herrschende Rechtlosigkeit.

Die Folgen der Unterdrückung hängen vom Material ab. Die einen macht sie kleiner, die anderen größer.

Er war ein As. Allerdings in einer sehr schmutzigen Hand.

Ich schreibe lauter Gelegenheitswerke: vom Leben.

Den höchsten Sinn für Humor haben die Toten – für sie ist alles lächerlich.

Feile an deinem Gedanken; vielleicht ist das eine Art zu entkommen.

Wer sich von der Politik fernhält, hat täglich einen mühsamen Weg zu ihr.

Wahre Freundschaftsknoten lassen sich von beiden Seiten lösen.

Auch Vierbeiner stellen sich manchmal auf die Hinterbeine. Was tut man nicht alles des Fressens wegen oder aus Angst.

Schwimmer gegen den Strom dürfen nicht erwarten, daß dieser seine Richtung ändert.

Er war das Gewissen einer Zeit, die keins hatte.

»Jeder Schritt ist gefährlich!« pflegte ein Tanzlehrer zu sagen. »Er könnte der Anfang von einem neuen Tanz sein.«

Ein Schauspieler sollte auch dann etwas zu sagen haben, wenn seine Rolle nichts zu sagen vorsieht.

Gottlob ist auch der Mechanismus der Diktatur kein perpetuum mobile.

Bauen wir provisorische Sätze. Denn wenn ein Erdbeben kommt . . .

Seien wir wenigstens solange Mensch, wie die Wissenschaft nicht entdeckt, daß wir etwas anderes sind.

Seltsam. Die »Philosophie der Verzweiflung« fürchten am meisten die Optimisten.

Ein großer Schauspieler gewinnt gerade dank der Schminke, der Perücke oder der künstlichen Nase sein eigenes Gesicht.

Verbrechen: Muse der Prediger und der Moralisten.

Romanschriftsteller: einer, der aus Feigheit seine Gedanken in fremden Köpfen versteckt.

Man muß brutal sein, um sein Feingefühl durchzusetzen.

Zuweilen wedeln Hunde mit den Ketten.

Ich mache den Menschen kleiner? Möglich. Damit ihn die Bestie nicht sieht.

Legenden leben fort dank dem schwachen Gedächtnis der Geschlechter.

Ich kenne Folgen, die sich jedes Jahr eine neue Ursache erfinden.

Unter allen menschlichen Entdeckungen sollte die Entdeckung der Fehler die wichtigste sein.

Sie beobachten mich durch ein Vergrößerungsglas: um mich kleinzukriegen.

Wer achtet schon auf die Finger der Hand, aus der er frißt?

Die Gegenwartsstücke werden mit jeder Aufführung älter.

Dramatiker: Bauchredner der Seele.

Es wäre schön, wenn die Größe einer Nation in jedem ihrer Bürger Platz hätte.

»Der Einzelne zählt nicht.« Eine unwissenschaftliche Ansicht.

Wohin führt uns die Konsequenz? Das bestimmt ihre Eskorte.

Fürchte die witzlosen Narren!

Winde verwittern auch.

Geistesgegenwart erfordert
nicht immer Geist.

Wer auf dem Gipfel sitzt,
besitzt eine Ausrede:
weiter gehts nicht.

Kann der Mensch das Böse
abwenden? Ja. Ich erinnere
mich, einmal wandte er sich
um. Das rettete mir das
Leben.

Sieh dir zuerst den Stock
des Dirigenten an, bevor
du anfängst, im Chor zu
singen.

Ein Verurteilter ist niemals
seinem Galgen gewachsen.

Ein wahrer Märtyrer ist der, dem man sogar diesen Titel verweigert.

Für mich gibts in der Kunst keinen Ismus, außer dem Heroismus.

Als ich X sah, mußte ich mich unwillkürlich fragen: »Heißt es eigentlich Denunziant oder Denunziator?«

Ein Stück ist auch dann didaktisch, wenn es Gedankenlosigkeit lehrt.

Kunststück, die Zunge zu zeigen, wenn man nicht gleichzeitig zeigt, was man auf ihrer Spitze hat.

Wie rosig – wenn auf das Blut ein paar Tränen fallen.

Wer seine Rolle im Leben begriffen hat, sucht sich beizeiten ein Double.

Man kann nach einem Ziel nur dann sein Leben lang streben, wenn sich dieses Ziel ständig entfernt.

Auch Republiken werden manchmal von Königen regiert, die nackt sind.

Ob wenigstens diejenigen, die uns die Ideale genommen haben, jetzt selbst welche haben?

Eine gefälschte Banknote, die alle für echt halten, muß schließlich an einem Komplex scheitern: niemand bewundert die Meisterschaft ihrer Fälschung!

Die himmlischen Körper kreisen auf stets denselben Bahnen nach stets wechselnden Gesetzen.

Sicherlich hat sich auch im Paradies alles zum Besseren gewandelt.

Manche Hintergründe dulden keinen Vordergrund.

Wenn der Mensch zum Leben unfähig ist, sollte er sich umschulen lassen. Vielleicht ist er für eine andere Daseinsform geeignet.

Gewissen werden meist
von den eigenen Bissen
wund.

Heult! Ihr werdet euch um
einige Millionen Jahre
jünger fühlen.

Spuren vieler Verbrechen
führen in die Zukunft.

Sie nannten ihn doppel-
gesichtig. Dabei zeigte er
ihnen nur den Hintern.

Klingele nicht mit den
Schlüsseln zum Geheimnis.

Der Mensch erfand seine Werkzeuge allmählich. Er selbst aber ist Werkzeug des Menschen seit der Urzeit.

Beweis für den gestiegenen Lebensstandard: wer würde heut schon sein Erstgeborenenrecht für ein Linsengericht verkaufen.

Das Opfer ist stets am Verbrechen beteiligt. Sogar negativ.

Wir sind alle aus einem Lehm gemacht. Das schafft zuweilen die Gefahr, daß wir zusammen mit den anderen in einen Topf geworfen werden. Was daraus entsteht, sind die dritten.

Schwer, sich selbst die Wahrheit zu sagen, wenn man sie kennt.

Glaubt ihr nicht, daß mich mein scharfer Blick bis aufs Blut verwundet?

Mehr sagen von der Zeit die Wörter aus, die man nicht gebraucht, als die, die man mißbraucht.

Ein narzistischer Sodomit: liebt seinen inneren Schweinehund.

Was für Schmeichler, diese Satiriker: Verspotten Tugenden des Volkes, die es nicht besitzt.

Hütet euch vor Themen, von denen ihr nicht loskommt.

»Und sie rollt doch!« Gut, aber wohin?

Auch fremdes Analphabetentum macht das Schreiben schwer.

Die Träne läßt sich leichter verbergen, wenn man die Welt mit zugekniffenem Auge betrachtet.

Leichter werden einem Volk seine Irrtümer verziehen als dem Einzelnen seine Rechte.

Der Mensch ist die Dornenkrone der Schöpfung.

Im Anfang war das Wort
– dann kam das Schweigen.

Ob der Tod der Dialektik unterliegt?

Seien wir diskret. Fragen wir die Toten nicht danach, ob sie gelebt haben.

Narr bei einem Leichenschmaus zu sein – ist eine tief menschliche Berufung.

Ende der Todesanzeige: Er ist nicht tot. Er hat seine Lebensweise geändert.

Man muß die Anzahl der Gedanken derart vervielfachen, daß die Anzahl der Wächter für sie nicht ausreicht.

Die Gegenwärtigkeit der Hamletfrage war es, die Lec am stärksten beschäftigt hat. Im Jahr 1964 lasen wir seine Antwort: Nicht sein, sondern denken, denken, denken. Zwei Jahre später, am 7. Mai 1966, war Lec tot. In zwei Büchern (Ende 1959 und Ende 1964 in Krakau erschienen) hat er etwa 1 500 Aphorismen hinterlassen, davon sind in den drei deutschen Ausgaben 1 000 erschienen. Nicht alles war übersetzbar, wie zum Beispiel manche seiner Wortspiele und Anspielungen, die nicht ohne Verlust aus einer Sprache und Wirklichkeit in eine andere verpflanzbar sind. Die dunkle Welt, unsere gemeinsame Welt, die Lec mit Gedankenblitzen zu erhellen suchte, war die Welt der Gefängnisse, der Kreuzwege, der Sackgassen, der falschen Legenden, die Welt, die über und über bevölkert ist von Sklaven, Denunzianten, Krüppeln, Kannibalen, Henkern, Wahrsagern, Kastraten und Polizisten.
An diese Welt adressierte Lec sein Vermächtnis: Man muß die Anzahl der Gedanken derart vervielfachen, daß die Anzahl der Wächter für sie nicht ausreicht.

Karl Dedecius

Unfrisierte Gedanken
Aus dem Polnischen von K. Dedecius. 59 S. Mit 10 Bildern von H. Pothorn. 12. Auflage 1970.

Neue unfrisierte Gedanken
Aus dem Polnischen von K. Dedecius. 64 S. Mit 4 Zeichnungen von D. Mróz. 8. Auflage 1970.

»Wer der Dichter überdrüssig ist, die ihre Gewässer trüben, damit sie tief scheinen (das Bild stammt von Nietzsche); wer sich von den Autoren erholen möchte, die nichts können, jedoch in avantgardistischem Kostüm das Publikum irreführen und die Avantgarde diskreditieren; wer genug hat von jenen, die ihre Stümperei und stilistische Unzulänglichkeit als ›Sprachlosigkeit der Epoche‹ anbieten; wer nicht mehr jene lesen will, die unfähig sind, Romane, Novellen, Tragödien oder lyrische Gedichte zu schreiben und uns daher einzureden versuchen, Romane, Novellen, Tragödien oder lyrische Gedichte seien heutzutage nicht mehr möglich; wer der Schriftsteller müde ist, die auf vierhundert Seiten einen einzigen Einfall breitwalzen, den sie überdies entwendet, mißverstanden und falsch verwertet haben; wer die Bücher nicht ertragen kann, deren Umständlichkeit lediglich dazu dient, eine vollkommene Leere zu verbergen und zu schmücken; wer also der Scharlatanerie und Hochstapelei in einem beträchtlichen Teil der deutschen Gegenwartsliteratur entgehen möchte; wer sich endlich nach Klarheit, Geist und Vernunft, nach Humor, Scharfsinn und Witz sehnt, dem sei empfohlen – Stanisław Jerzy Lec.«

Marcel Reich-Ranicki

Das große Buch der unfrisierten Gedanken
Aphorismen, Epigramme, Gedichte. Herausgegeben und aus dem Polnischen von K. Dedecius. Sonderausgabe. 1971. 276 Seiten.

Polnische Poesie des 20. Jahrhunderts. Herausgegeben und übertragen von K. Dedecius. 236 S. 1964.

Polnische Prosa des 20. Jahrhunderts. Vorgestellt von K. Dedecius. Mit einem Nachwort und bibliographischen Angaben.
Teil I: 326 S. 1966.
Teil II: 428 S. 1967.

Tadeusz Rózewicz, Entblößung. Erzählung. Aus dem Polnischen von P. Pszoniak. 116 S. 1968.

–, Formen der Unruhe. Gedichte. Aus dem Polnischen und mit einem Nachwort von K. Dedecius. 112 S. 1965.

Jerzy Szaniawski, Professor Tutkas Geschichten. Herausgegeben und aus dem Polnischen von K. Dedecius. Mit Zeichnungen von D. Mroz. 110 S. 1969.

Bruno Schulz, Die Republik der Träume. Fragmente. Herausgegeben von M. Dutsch. Aus dem Polnischen von J. Hahn und M. Dutsch. 264 S. Mit 16 Abbildungen auf Tafeln. 1967.

–, Die Zimtläden und alle anderen Erzählungen. Aus dem Polnischen von J. Hahn. Mit einem Nachwort von F. Bondy. 352 S. 1965. (»Bücher der Neunzehn«)

Witold Wirpsza, Der Mörder. Erzählungen. Aus dem Polnischen von P. Lachmann, H. Zand und M. Kurecka. 72 S. 1971.

–, Orangen im Stacheldraht. Roman. Aus dem Polnischen von M. Kurecka. 168 S. 1967.

Reihe Hanser

88 Miladin Zivotić: *Proletarischer Humanismus.* Studien über Mensch, Wert und Freiheit.
89 *Das Böse.* Dokumente und Interpretationen. Hrsg. von Gerhard Zacharias.
90 Marquis de Sade: *Der Greis in Charenton.* Letzte Aufzeichnungen und Kalkulationen.
91 Vladimir Kazakov: *Meine Begegnungen mit Vladimir Kazakov.* Prosa.
92 Alfred Jarry: *Der Alte vom Berge.* Gedichte, Dramen, Prosa. Hrsg. von Klaus Völker.
93 Joachim Steffen u. a.: *Fetisch Eigentum.* Wie privat sind Grund und Boden?
94 H. H. Henschen / R. Wetter: *Anti-Olympia.* Ein Beitrag zur mutwilligen Diffamierung und Destruktion der Olympischen Spiele und anderer Narreteien.
95 Horst Bienek: *Solschenizyn und andere.* Essays.
96 *Plädoyers für eine Europäische Sicherheitskonferenz.* Hrsg. von Walter Fabian.